# CONTEMPLATIO TOTIVS VITAE ET PASSIONIS DOMINI NOSTRI IESV CHRISTI.

Cum Gratia & Priuilegio, Illustriss. Senatus Veneti, per annos X.

VICTORIA.

VENETIIS, *apud Ioannem Ostaum, & Petrum Valgrisium.* MDLVII.

**PAPERBACK ISBN 978-0-557-50113-7**
**HARDCOVER ISBN 978-0-557-50114-4**

# REVERENDAE MATRI ABBATISSAE SANCTI LAVRENTII, DOMINAE CIPRIANAE MICHAELI.

VLTI quidem fuere prudentißimi uiri, qui longißimis eorum uigilijs ac lucubrationibus in Imperatorum, Regum, ac triumphantium Ducum uitas, mortes, ac præclara eorum gesta referendo, non modicos labores impenderunt, tam posteritatis gratia, quæ eas contemplando ad bene operandum excitaretur, quam eorum scriptis sibi ipsis nomen ad posteros duraturum se comparaturos cogitantes. Quod ego, non quidem gloriæ ac nominis causa mecum animo pensitans, sed eorum uera salute, mihi longe utilius ac maxime necessarium, uitam ac mortem Domini nostri IESV CHRISTI Imperatoris Imperatorum, Regis Regum & triũphantis mortis ac peccatorum nostrorum Ducis in compendio uisum est referre, quod quidem opusculum Dei Optimi Maximi beneficio nunc extitit expletum, arbitror enim ijs omnibus, qui mente sui intellectus ac spiritu id excogitabunt maximum gaudiũ ac certißimam salutem fore allaturum: uos igitur omnes

qui

*qui opere Christiani euadere peroptatis id summite, & ex corde contemplamini, quoniã menti quietem, & animabus uestris perpetuam salutem inuenietis: tibi igitur uenerandæ Matri, tam bene recti ac casti monasterij, (Diuo Laurentio sacri) Abbatissæ inscribo, cuius sancta uita ac peregrini Mores cæteris alijs omnibus apud me sunt præferrẽdi. Cui Saluator noster in terris constantiam, & in cœlis beatitudinem sempiternam concedere dignetur.*

Reuerendiss. Dominationis uestræ

Ioannes Ostaus.

*Qui creauit Adam potenter primus hominum in sua dextera extraxit virago vna.*

ET creauit DEVS hominem ad imaginem ſuam, ad imaginem DEI creauit illum, maſculum & fœminam creauit eos. Adæ vero non inueniebatur adiutor ſimilis eius. Immiſit ergo dominus DEVS ſoporem in Adam: cumque obdormiſſent, tulit vnam de coſtis eius & repleuit carnẽ pro ea. Et edificauit dominus DEVS coſtam

ſtam quam tulerat de Adam in mulierem: & adduxit eam ad Adam. Dixitq́ue Adam. Hoc nunc os ex oſsibus meis, & caro de carne mea. Gen. II.

### Oratio I.

O domine Devs trinus & vnus, adoro te, benedico te, & gratias ago tibi, qui me creaſti, quodque hactenus me peccantem quotidie ſuſtines. Da mihi quæſo, ut te creatorem meum cognoſcam: cum timore & reuerentia tibi fideliter & proximo propter te ſeruiam, & ex toto corde ſemper in omnibus placere ſtudeam. Amen.

*Virga ista semper Anna stirpe nata regia,*
*Dauid regis veneranda processit prosapia.*

ORIGO Sanctæ Annæ est ex Bethlehem quę habuit in virum Ioachin, qui Galilæus erat ex Nazareth: ex quo beata virgo Maria domini nostri IESV CHRISTI mater nata est, ut est in historijs Ex XII. tribubus Israel.

Oratio

## ORATIO 2.

O domine Iesu CHRISTE. Adoro te, & gratias ago tibi, qui nobilissimam virginem tibi in matrem prælegisti: quã præfiguratam, & de sanctis parentibus natam gratijs, virtutibus, bonisque operibus impleuisti: Da mihi quæso ut peccata mea, vilitatemque propriam perfectè agnoscam cum vera contritione, & sancto odio defleam, & quicquid tibi displicet detester, ac fugiam. Amen.

*Quem Maria ſibi propriam tēplo præſentauit, Gradum ſcandens in altum mirifice Deum ſalutauit.*

ERANT quidem circūcirca tēplum gradus XV. ſublimes, qui iter laborioſum afferebant. hos tantum Maria aſcendit neq; auxilium quærens, qualis & quanta futura ſit dans manifeſtum ſignum, & ipſam in templum adduxerunt ut præſentarent ante cōſpectum domini & ibi maneret quē-

admodum

admodum ſcriptum eſt de Samuel: primo Regum.

## ORATIO 3.

O domine Ieſu Chriſte. adoro te, benedico te, & gratias ago tibi, qui amabiliſsime puellæ, honeſtiſsimæ, ſpecioſiſsimæque virgini Mariæ futuræ matri tuæ inſpiraſti, in templum ſe tibi offerret, dedicaret, ac perpetuam virginitatem ſeruaret: Eia dulciſsime Ieſu da mihi mentis & corporis perfectiſsimam caſtitatem, cordiſq; feruentiſsimam deuotionem, ſimplicitatē, puritatem ac ſtabilitatem. Amen.

*Nos ergo ſponſe virginis rogamus Ioſeph ſup plices,*
*Obtentus caſtos perfice, & à peccatis nos ablue.*

CVM eſſet deſpõſata mater IESV, MARIA, Ioſeph, antequam conuenirent, inuẽta eſt in utero habens de ſpiritu ſancto. Ioſeph autem uir eius cùm eſſet iuſtus, & nollet eam traducere, voluit occultè dimittere eam. Hæc autem eo cogitante, ecce Angelus

gelus Domini apparuit in ſomnis ei, dicẽs: Ioſeph fili Dauid, noli timere accipere Mariam in coniugem tuam; quod enim in ea natum eſt, de ſpiritu ſancto eſt Mat. cap. 1.

### Oratio 4.

O domine Ieſu Chriſte, adoro te, benedico te, & gratias ago tibi, qui virgineo Ioſeph pudiciſsimam virginem Mariam, voluſti deſponſari, & vtrunque in integritate immaculatum conſeruari: O vtinã mũdum cum vniuerſis vitijs & concupiſcentijs, ſuperem & contemnam, & tibi ardentiſsimo amore inhæream. Amen.

*Quem virgo carens viro de flamine cõcepisti,*
*Dum Gabrieli nuntio humilime consensisti.*

ECCE virgo in vtero habebit, & pariet filium: & vocabunt nomen eius Emanuel, quod est interpretatum, nobiscum Deus. Mat. cap. 1.

Et ingressus Angelus ad eam, dixit. Aue gratia plena, Dominus tecum: benedicta tu in mulieribus. Quæ cum audisset, turbata est in sermone eius, & cogitabat qualis

lis eſſet iſta ſalutatio. Et ait Angelus ei : Ne timeas Maria, inueniſti enim gratiam apud Deum : Ecce concipies in vtero, & paries filium : & vocabis nomen eius Ieſum. Luc. cap. 1.

## Oratio 5.

O domine Ieſu Chriſte. Adoro te, benedico te, & gratias ago tibi, qui dignatus es ſanctiſsimam virginem Mariam per Angelum ſalutare, ſpiritu ſancto fecundare, atque in vtero eius incarnari. dulciſsime Ieſu, vtinam facias cor meum ab omni peccato & uitio liberum : & tibi iuge ac perpetuum habitaculum. Aue Maria.

Quo

*Quo impregnata citius cognatam visitasti,*
*Ioannemq; celerius in ventre sanctificasti.*

EXVRGENS autem Maria in diebus illis, abijt in montana cum festinatione in ciuitatem Iuda: & intrauit in domum Zachariæ, & salutauit Elisabeth. Et factum est, vt audiuit salutationem Mariæ Elisabeth, exultauit infans in vtero eius. & repleta est Spiritu Sancto Elisabeth: & exclamauit voce magna, & dixit: Benedicta tu inter

mulieres

mulieres,& benedictus fructus ventris tui. Luc. cap. 1.

## ORATIO 6.

O domine Iesu Christe adoro te: benedico te: & gratias ago tibi, qui dignatus es nouem mensibus in vtero virginis gestari: & a præcursore nec dum nato cognosci: ac prophetari. Vtinam cor meum castissimo amore tui sic vulneres: vt omnia mundana fastidiat: & te inhabitatorem: ac possessorem indesinenter sentiat. Amen.

Quem

*Quem ciuitate Bethleem lætando peperisti,*
*Nam nec dolorem aliquem in partu pertulisti.*

ET factum est in diebus illis, exijt edictum à Cæsare Augusto, vt describeretur vniuersus orbis. Luc. cap. II. Ascendit autem, & Ioseph à Galilea de ciuitate Nazareth, in Iudeam, ciuitatem Dauid, quę vocatur Bethleem, eò quòd esset de domo & familia Dauid, vt profiteretur cum Maria disponsata sibi vxore prægnante. Factũ est

eſt autem cum eſſent ibi, impleti ſunt dies vt pareret, & peperit filium primogenitū, & pannis eum inuoluit, & reclinauit eum in præſepio, quia non erat ei locus in diuerſorio. Luc. cap. II.

## ORATIO 7.

O creator & gubernator cœli & terræ, te adoro, te benedico, & tibi gratias ago: qui intemeratæ virgini dediſti, vt filium tuum Ieſum Chriſtum redemptorem noſtrum, ſine dolore pareret: Eya ſemper gratia verę ac perfectæ cōtritionis, vt tibi merear eſſe filius æternæ adoptionis. Amen.

*Quem magno cum tripudio angeli laudauerũt,*
*Pacemq́ue cum gaudio in terris cecinerũt.*

ET pastores erant in regione eadem vigilantes, & custodientes vigilias noctis super gregem suum. Et ecce, Angelus domini stetit iuxta illos, & claritas Dei circunfulsit illos: & timuerunt timore magno. Et dixit illis Angelus: Nolite timere. Ecce enim euãgelizo vobis gaudium magnum, quod erit omni populo: quia natus est vobis

bis hodie Saluator,qui eſt Chriſtus dominus,in ciuitate Dauid.Et hoc vobis ſignũ: & poſitus in præſepio. Et ſubito facta eſt cum Angelo multitudo militiæ cœleſtis, laudãtium Deum,& dicentium: Gloria in altiſsimis Deo, & in terra pax hominibus bonæ voluntatis. Luc. cap.. II.

## ORATIO 8.

O domine Ieſu Chriſte, adoro te, benedico te, & gratias ago tibi,qui in paupertate,& frigore in præſepio poſitus ab angelis es laudatus,& a paſtoribus adoratus.Da mihi Chriſte: vt in ſeruitio tuo nunquam tepeſcam, & a laude tua nunquam deficiam. Amen.

*Qui iuxta ritum hominis passus circuncisionē,*
*Dulcis Iesus nominis cepit impositionem.*

ET postquam consumati sunt dies octo, vt circuncideretur puer: vocatum est nomen eius IESVS, quod vocatum est ab Angelo priusquam in vtero conciperetur. Luc. cap. II.

Oratio

## ORATIO 9.

O domine Iesu Christe adoro te, benedico te, & gratias ago tibi, qui legi non subditus, legem nihilominus adimplere volens octauo die circuncidi dignatus es; ac vulnerari, & pro consolatione nostra Iesus nominari voluisti. Vtinam domine Iesu Christe per sanguinis tui effusionem merear totus purificari, & ab omni offensione & culpa perpetuo præseruari. Amen.

*Qui à tribus regibus feruenter adoratur:*
*Magnisq; muneribus decenter veneratur.*

CVM ergo natus esset IESVS in Bethlehem Iudæ in diebus Herodis regis, ecce Magi ab Oriente venerunt Ierosolymam, dicentes: vbi est, qui natus est rex Iudæorum? Mat. cap. II. Videntes autem stellam, gauisi sunt gaudio magno valde. Et intrantes domum inuenerunt puerum cum MARIA matre eius, & procidentes adora-

adorauerunt eum:& apertis thesauris suis, obtulerunt ei munera, aurum, thus, & mirrham. Mat. cap. 11.

## ORATIO 10.

O domine Iesu Christe adoro te, benedico te, & gratias ago tibi, qui a tribus magis quæsitus es, & muneribus honoratus: Eya dulcissime Iesu da mihi, vt me ipsum totũ semper tibi resignem, ac offeram omnes vires: ac totum ipsum quod sum, ac possum, omni tempore in laudem, amorem, ac beneplacitum tuum expendam. Amen.

*Quem die quadrageſima in tēplo præſentaſti.*
*Ac Moyſi legi ſponte ſubieciſti.*

ET poſtquam impleti ſunt dies purgationis eius, ſecundum legem Moyſi, tulerunt illum in Ieruſalem, ut ſiſterent eum Domino, ſicut ſcriptum eſt in lege Domini. Luc. cap. II.
Et benedixit illis Simeon: & dixit ad Mariam matrem eius: Ecce poſitus eſt hic in ruinam, & in reſurrectionem multorum

in

in Israel, & in signum cui contradicetur. Et tuam ipsius animā pertransibit gladius, ut reuelētur ex multis cordis cogitationes. Luc. Cap. II.

## ORATIO II.

O domine Iesu Christe, adoro te: benedico te: & gratias tibi ago tibi, quod in tēplum offerri & cum purissima virgine matre tua legi subdi voluisti. Ah dulcissime Iesu da mihi perfectissimam humilitatem, qua detester & omnem honorem fugiam, & omni homini ꝓpter te benigne me submittā atq; obediam. Amen. Aue Maria.

*Quem Herodem fugiens Aegyptũ adduxiſti,*
*Tandem inde rediens ad Nazareth veniſti.*

ECCE Angelus Domini apparuit in ſomnis Ioſeph, dicens: Surge, & accipe puerum, & matrem eius, & fuge in Aegytum: & eſto ibi uſque dum dicam tibi. Futurum eſt enim, ut Herodes quærat puerũ ad perdendum eum. Qui conſurgens, accepit puerum & matrem eius nocte, & ſeceſſit

ſit in Aegyptum. Et erat ibi uſque ad obitum Herodis. Mat. 11.

### ORATIO 12.

O domine Ieſu Chriſte, adoro te, benedico te, & gratias ago tibi, qui vt ſcripturæ implerentur, inimicum Herodem fugere voluiſti: & quia nondum venerat hora, mortem vitaſti. Da dulciſsime Ieſu, vt ſic per te aduerſariorum perſecutiones vitare valeam: quo me & vitam meam ſi & quan do nomini tuo gratum & glorioſum fuerit, libentiſsime offeram amen.

*Quem manuum per opera ſolicite nutriuiſti,*
*Et in ætate tenera in omnibus prouidiſti.*

ET ut perſecerunt omnia ſecundum legem Domini, reuerſi ſunt in Galilæam, in ciuitatem ſuam Nazareth. Puer autem creſcebat, & confortabatur plenus ſapientia, & gratia Dei erat in illo. Luc. cap. 11.

Oratio

## ORATIO 13.

O domine Iesu Christe, adoro te, benedico te, & gratias ago tibi: qui triginta annis cum matre incognitus latuisti: & fabri filius estimari uoluisti: Vtinam domine Iesu Christe gratia tua omnẽ in me extirpet arrogantiam, omnem occidat superbiam, vt non videri, aut gloriari, sed nesciri diligam ac uilis reputari. Amen.

*Quem ad feſta tranſiens dolenter perdidiſti,*
*Sed mox templum adiens gaudenter reperiſti.*

ET cùm factus eſſet annorum duodecim, aſcendentibus illis Ieroſolymam, ſecundum conſuetudinem diei feſti, conſummatisque diebus cùm redirent, remanſit puer IESVS in Ieruſalem: & non cognouerunt parentes eius. Exiſtimantes autem illum eſſe in comitatu, uenerunt iter diei, & requirebant eum inter cognatos, & notos.

Et

Et non inuenientes, regreſsi ſunt in Ieruſa lem, requirentes eum. Et factum eſt, poſt triduum inuenerunt illum in templo, ſedẽ tem in medio doctorum audientem illos, & interrogantem eos. Stupebant autem omnes qui eum audiebant. Luc. 11.

ORATIO 14.

O domine Ieſu Chriſte, adoro te: bene dico te: & gratias tibi ago, qui in templo remanens a matre quęſitus: & poſt triduũ es inuentus. Eya dulciſsime Ieſu vtinã toto corde ardentiſsimoq́ue deſiderio te ſitiam, indeſinenter quæram, & ita fœliciter inueniam, vt te nunquàm amittere ualeam. Amen.

*Quem Ioannes flumine Iordanis baptizauit,*
*Et agnoſcens nomine digito moſtrauit.*

ET factum eſt, in diebus illis uênit IESVS à Nazareth Galilææ: & baptizatus eſt à Ioanne in Iordane. Et ſtatim aſcendens de aqua, vidit cœlos apertos, & ſpiritum ſanctum tanquam columbam deſcendentem, & manentem in ipſo. Et uox facta de cœlis: tu es filius meus dilectus, in te complacui. Mar. cap. 1.

Oratio

## ORATIO 15.

O domine Ieſu Chriſte, adoro te: benedico te: & gratias ago tibi, qui propter nos in Iordane dignatus es baptizari, & a patre celitus monſtrari: da mihi per iuges lachrimas tuam miſericordiam fideliter apprehendenti ab omnibus peccatis mundari: vt tui amore deſiderioque cœleſtis vitæ, totus merear inebriari. Amen.

*Quem ſathanas aſtutus trifariam temptauit,*
*Sed ſaluator verſutijs prudenter obuiauit.*

TVNC IESVS ductus eſt in deſertum à ſpiritu, ut tẽtaretur à diabolo. Et cũ ieiunaſſet quadraginta diebus, & quadraginta noctibus, poſtea eſurijt. Et accedẽs tentator, dixit ei: Si filius Dei es, dic ut lapides iſti panes fiant. Qui reſpondens, dixit: Scriptum eſt. Non in ſolo pane uiuit homo, ſed in omni uerbo quod procedit de ore de ore Dei. S. Matth. cap. IIII. Fune dicit ei IESVS: Vade Satana: ſcriptum eſt enim, Dominum Deum tuum adorabis: & illi ſoli ſeruies. S. Matth. cap. IIII.

## ORATIO 16.

O Domine Ieſu Chriſte, adoro te, benedico te: & gratias ago tibi, qui in deſerto abſtinens, dignatus es, a diabolo tentari. Eia dulciſsime Ieſu protege tua gratia, & fac me cunctas diaboli inſidias euadere, omniaque temptamenta in tua virtute ſuperare. Amen.

*Qui obsessos plurimis demonibus saluauit,*
*Ac infirmos varijs languoribus curauit.*

VESPERE autem facto, cùm occidisset sol, afferebant ad eum omnes male habentes, & dęmonia habentes, & erat omnis ciuitas congregata ad ianuam, et curauit multos, qui vexabantur uarijs languoribus. Mar. cap. I.

Et uenit ad eum leprosus deprecans eum: & genuflexus dicit ei: Si uis, potes me mũdare.

dare. IESVS autem misertus eius, ait illi; Volo. Mundare. Et cùm dixisset, statim discessit ab eo lepra, & mundatus est. Marc. cap. 1.

ORATIO 17.

O domine Iesu Christe, adoro te: benedico te: & gratias ago tibi, qui pro animarum salute orationibus, vigilijs, curationibus, itineribus, prædicationibus continuis es fatigatus: Da mihi dulcissime Iesu, ut honorem tuum & animarum salutẽ feruenter sitiam, & pro his corpus meum & omnia desideranter impendam. Amen.

*Qui tuo pio oraculo aquam in vinum mutauit;*
*Quo suos miraculo discipulos confortauit.*

ET die tertia nuptiæ factę sunt in Cana Galilææ: & erat mater IESV ibi. Vocatus est autem & IESVS, & discipuli eius ad nuptias. Et deficiente vino, dicit mater IESV ad eum: Vinum non habent. Et dicit ei IESVS: quid mihi & tibi est mulier? nondum uénit hora mea. Dicit mater eius ministris: quodcunque dixerit vobis, facite.

cite. Erant autem ibi lapideæ hydriæ ſex, poſitæ ſecundum purificationem Iudæorum, capientes ſingulæ metretas binas, uel ternas. Dicit IESVS: Implete hydrias aqua. Et impleuerunt eas vſq; ad ſummum. Et dicit eis IESVS: Haurite nunc, & ferte Architriclino. Et tulerunt. Vt autem guſtauit Architriclinus aquam vinum factũ, non ſciebat unde eſſet. Ioan. cap. 11.

ORATIO 18.

O domine Ieſu Chriſte, adoro te, benedico te, & gratias ago tibi, qui nuptias tua præſentia, atque miraculo primo honoraſti: cunctiſque egentibus ac infirmis curationum beneficia erogaſti: Da mihi cor pietate, compaſsione, & miſericordia plenum: quo omnibus hominibus, & præcipuè inimicis impendam perfectiſsimæ dilectionis beneficia & affectum. Amen.

*Cuius pedes lachrimis peccatrix irrigauit,*
*Dolensque ex intimis veniam impetrauit.*

IESVS ergo ante ſex dies paſchæ uênit Bethaniam, vbi Lazarus fuerat mortuus, quem ſuſcitauit IESVS. Fecerūt autem ei cœnam ibi: & Martha miniſtrabat. Lazarus uerò unus erat ex diſcumbētibus cum eo. Maria ergo accepit librā unguenti nardi piſticæ pretioſi, & unxit pedes IESV, & extersit pedes eius capillis ſuis: & domus impleta

impleta eſt ex odore unguenti. Dixit ergo vnus ex diſcipulis eius Iudas Iſcariotes, qui erat eum traditurus: quare hoc unguẽtum nõ uenijt trecentis denarijs, & datum eſt egenis? Ioan. cap. XII.

ORATIO 19.

O domine Ieſu Chriſte adoro te: benedico te: & gratias ago tibi pro benigniſsima familiaritate ac miſericordia, quam Mariȩ Magdalenæ, Zacheo, Matthȩo, & mulieri in adulterio deprehẽſȩ, & cæteris pœnitentibus exhibuiſti. Da mihi gratiã profundiſsimæ humilitatis, benignitatis, & charitatis. Amen.

Cum

*Cum palmis celebriter in vrbem quē duxerūt,*
*Vespere sed turpiter vacuum dimiserunt.*

ECCE rex tuus uenit mansuetus, sedens super asinam, & pullum filium subiugalis. Euntes autem discipuli fecerunt sicut pręcepit illis IESVS. Et adduxerunt asinam & pullum: & imposuerūt super eos uestimenta sua,& eum desuper sedere fecerunt. Plurima autem turba strauerunt uestimenta sua in uia: alij autem cædebant ramos

mos de arboribus, & ſternebant in uia. Turbæ autem quæ præcedebant, & quę ſequebantur, clamabant dicentes: Hoſanna filio Dauid: benedictus qui venit in nomine Domini. Matth. cap. XXI.

ORATIO 20.

O domine Ieſu Chriſte adoro te: benedico te: & gratias ago tibi, qui inter laudes & honores ſuper Ieruſalē fleuiſti: Eia Ieſu infunde mihi perfectæ charitatis zelū, vt aliorum peccata tanquam mea, ex toto corde defleam, & cuiuſcunq; proximi mala ut propria ſentiam. Amen.

Quem

*Quem appenderunt mercedem ſuam triginta argenteis,*
*Quibus Iudas apretiatus & poſtmodum laqueo ſuſpenſus.*

TVNC abijt vnus de duodecim, qui dicitur Iudas Iſcariotes, ad principes ſacerdotum, & ait illis: Quid vultis mihi dare, & ego uobis eum tradam? At illi conſtituerunt ei triginta argenteos. Et exinde quærebat opportunitatem, ut eum traderet. Matth. cap. XXVI.

Oratio

## ORATIO 21.

O domine Iesu Christe adoro te: benedico te: & gratias ago tibi, qui Iudęis te persequentibus, & in mortem tuam conspirantibus, à discipulo es venditus. Ah, dulcis Iesu, da mihi, ut & bona omnia de manu tua suscipiam, inter omnia gratias agam, pro singulis semper te plus diligam, & ad omnes homines pacem & cordis tran quillitatem retineam. Amen.

*In cena qui nouißima pedes ſuorum lauit,*
*Eſcaq́ue nobilißima cum ſanguine cibauit.*

SVRGIT à cœna, & ponit ueſtimenta ſua: & cùm accepiſſet linteum, præcinxit ſe. Deinde miſit aquam in peluim, & cœpit lauare pedes diſcipulorum, & extergere linteo, quo erat præcinctus. Venit ergo ad Simonem Petrum. Et dixit ei Petrus: Domine, tu mihi lauas pedes? Reſpondit IESVS, & dixit ei: Quod ego facio,

cio, tu neſcis modò, ſcies autem poſtea. Dicit ei Petrus: Non lauabis mihi pedes in æternum. Reſpondit ei IESVS: Si non lauero te, non habebis partem mecum. S. Io. cap. XXIII.

## ORATIO 22.

O Domine Ieſu Chriſte. Adoro te, benedico te, & gratias ago tibi, qui poſt agni paſcalis manducationem pedes diſcipulorum tuorum lauiſti: vtinam cũcta pro tui amore libenter relinquam, omnibus te pręferam, in omnibus & ſuper omnia te diligam, & alijs omnibus in obſequium propter te libenter me ſubmittam. Amen.

Cenan-

*Cenantibus autem pariter accepit Iesus panē,*
*Ac fregit & benedixit deditq́; fratribus suis.*

ET cùm facta esset hora, discubuit, & duodecim apostoli cum eo, & ait illis. Desiderio desideraui hoc pascha manducare uobiscum, antequàm patiar. Luc. cap. XXII.

Cœnantibus autem eis, accepit IESVS panem, & benedixit, ac fregit: deditq́; discipulis suis & ait. Accipite, & comedite, hoc

est

eſt corpus meum. Et accipiens calicē, gratias egit, & dedit illis dicēs: Bibite ex hoc omnes. Hic eſt enim ſanguis meus noui teſtamenti, qui pro multis effundetur in remiſsionem peccatorum. Mat. ca. XXVI.

## ORATIO 23.

O domine Ieſu Chriſte. Adoro te, benedico te, & gratias ago tibi: qui ſacramentum Euchariſtiæ inſtituens diſcipulis tradidiſti, & nobis idipſum reliquiſti: Eya dulciſsime Ieſu, accende cor meum ad eſuriem huius ſacramēti: vt illo ceu arrhabone confirmem in me confidentiam miſericordiæ tuæ per te acquiſitę, & nobis datę. Amen.

*In horto mente anxia prolixe qui orauit,*
*Et aquam præ triſtitia cum ſanguine ſudauit.*

ET egreſſus ibat ſecundum conſuetudinem in montem Oliuarũ. Sequuti ſunt autem illum & diſcipuli. Et cum perueniſſet ad locum, dixit illis: Orate ne intretis in tentationem. Et ipſe auulſus eſt ab eis quantum iactus eſt lapidis: & poſitis genibus orabat, dicens: Pater, ſi uis trãsfer calicem iſtum à me. Veruntamen nõ mea voluntas,

luntas, ſed tua fiat. Apparuit autem illi angelus de cœlo, confortans eum. Et factus in agonia prolixius orabat. Et factus eſt ſudor eius, ſicut guttę ſanguinis decurrentis in terram. Et cùm ſurrexiſſet ab oratione, & ueniſſet ad diſcipulos ſuos, inuenit eos dormientes prę triſtitia. Et ait illis: Quid dormitis? ſurgite, orate, ne intretis in tentationem. Luc. cap. XXII.

## ORATIO 24.

O domine Ieſu Chriſte, adoro te, benedico te, & gratias ago tibi, qui triſtis & pauidus ter orando patri te reſignaſti, & in agone poſitus, ſanguinem ſudaſti. Ah, vtinam in omni tentatione & aduerſitate ad te recurram, in te ſolo confidam, me offeram & reſignem. Amen.

*Proprio filio ſuo non pepercit deus,*
*Sed pro nobis omnibus tradidit.*

ECCE Iudas unus de duodecim uenit, et cũ eo turba multa cum gladijs & fuſtibus, miſsi à principibus ſacerdotum, & ſenioribus populi. Qui autem tradidit eũ, dedit illis ſignum, dicens: quemcunq; oſculatus fuero, ipſe eſt: tenete eum. Et confeſtim accedens ad IESVM, dixit: Aue Rabbi. Et oſculatus eſt eum. Dixitque illi IE-

SVS:

svs: Amice, ad quid uenisti? Tunc accesserunt, & manus iniecerunt in IESVM, & tenuerunt eum. Et ecce unus ex his, qui erant cum IESV, extendens manum, exemit gladium suum: & percutiens seruum principis sacerdotum, amputauit auriculã eius. Matth. cap. XXVI.

## ORATIO 25.

O domine Iesu Christe, adoro te, benedico te, & gratias ago tibi: qui ab hostibus captus ligabaris, & impie tractabaris: Vtinam facias me ab omnibus vitijs liberum, & in tui amore captiuum, ut mihi desideratissimum fiat despici, iniuriasque ac contumelias pati. Amen.

*Quem uiri malefici crudeliter apprehenderũt,*
*Annæque pontifici ligatum adduxerunt.*

COHORS autem & tribunus, & ministri Iudæorum comprehenderunt IESVM, & ligauerunt eum, & adduxerunt eũ ad Annam primùm. erat enim ſocer Caiphæ, qui erat pontifex anni illius. Erat autem Caiphas, qui conſilium dederat Iudæis, quia expedit vnum hominem mori pro populo. Ioan. cap. XVIII.

Oratio

## ORATIO 26.

O domine Iesu Christe, adoro te: benedico te: & gratias ago tibi, qui ductus ad Annam patienter a seruo alapam tulisti: Da mihi vt odientes me diligam: pro malis bona retribuam: & dulcedinis ac benignitatis affectũ ad omnes effundam. Amẽ.

*Quem duxerunt ad Caypham principem sacerdotum,*
*Duris colaphis & palmis in faciē suā dederūt.*

AT illi tenentes IESVM, duxerunt ad Caipham principem ſacerdotum, vbi Scribæ & ſeniores conuenerant. Petrus autem ſequebatur eum à longe, vſque in atrium principis ſacerdotum. Et ingreſſus intrò, ſedebat cum miniſtris, vt videret finem. Principes autem ſacerdotum, & omne cōcilium,

cilium, quærebant falſum teſtimoniũ contra IESVM, vt eum morti traderent. Mat. cap. XXVI.

ORATIO 27.

O Domine Ieſu Chriſte, adoro te, benedico te, & gratias ago tibi: qui in domo Cayphæ iniquos accuſantium teſtes tollerasti, & Petrum ter te negãtem miſericorditer reſpiciens ad pœnitentiam & fletum reuocaſti: Da mihi dulciſsime Ieſu, vt peccata mea, ingratitudinem quoque & negligentias meas perfecte lugeam, & ex toto corde tibi placere ſtudeam. Amen.

Vultum

*Vultum cuius turpibus ſputis maculabant,*
*Et pugnorum ictibus dure verberabant.*

TVNC expuerunt in faciem eius, & colaphis eum ceciderũt: alij autem palmis in faciem eius dederunt, dicentes: Prophetiza nobis Chriſte, quis eſt qui te percuſſit? Petrus verò ſedebat foris, in atrio. Acceſsit ad eum una ancilla, dicens: Et tu cũ IESV Galilæo eras. At ille negauit coram omnibus dicẽs: Neſcio quid dicis. Mat. cap. XXVI.

Oratio

## ORATIO 28.

O domine Iesu Christe, adoro te, benedico te, & gratias ago tibi: qui damnatus consputus, cæsus velatusq́; multa opprobria & indignas contumelias sustinuisti. Vtinam tui amor tantus in me ferueat: vt odiam reputari, & honorari: desiderem vero & ex corde nesciri, despici, ac pati. Amen.

*Quem Pilato sedibus damnandū præsentabāt,*
*Atque falsis testibus dolōsè accusabant.*

ET surgens omnis multitudo eorum duxerunt illum ad Pilatum. Cœperunt autem illum accusare, dicentes: Hunc inuenimus subuertentem gentem nostram, & prohibentē tributa dari Cæsari, et dicentem se Christum regem esse. Pilatus autem interrogauit eum dicēs: Tu es rex Iudæorum? At ille respondens, ait: Tu dicis. Ait autem

autem Pilatus ad principes ſacerdotum & turbas: Nihil inuenio cauſæ in hoc homine. Luc. cap. XXIII.

ORATIO 29.

O domine Ieſu Chriſte, adoro te, benedico te. & gratias ago tibi: qui coram Pilato iniuſte accuſatus, humiliter tacuiſti: Ah pie Ieſu, pone linguæ meæ frenum timoris tui, quo ab omni ocioſo ſermone abſtineam, & in omnem humilitatem me ipſum vltro ac deſideranter offeram. Amē.

*A Iudæis exhibitum Herodes quem inuisit,*
*Sed per despectum habitum vt fatuũ remisit.*

HERODES autem viso IESV gauisus est valde. erat enim cupiens ex multo tempore videre eum, eò quòd audiret multa de eo. Interrogabat autem eum multis sermonibus. At ipse nihil illi respõdebat. Stabant autem principes sacerdotum, & scribæ, constanter accusantes eum. Spreuit autem illum Herodes cũ exercitu suo:

& illusit

& illuſit indutum veſte alba, & remiſit ad Pilatum. Et facti ſunt amici Pilatus & Herodes in ipſa die. Luc. XXIII.

ORATIO 30.

O domine Ieſu Chriſte, adoro te, benedico te, & gratias ago tibi: qui ab Herode deſpectus & deriſoria veſte es illuſus: & ſic ad Pilatum reductus: Da mihi dulciſsime IESV, vt de omnibus hominibus bene ſentiam, neminem iudicem aut ſpernam, cunctos mihi preferam, & de me ſemper vilius ſentiam. Amen.

*Quem indutum purpura columnæ alligatum,*
*Corona pungit ſpinea flagellis verberatum.*

PILATVS autem conuocatis principibus ſacerdotum, & magiſtratibus, & plebe, dixit ad illos: obtuliſtis mihi hunc hominem, quaſi auertentem populum: & ecce ego coram uobis interrogans, nullam cauſam inuenio in homine iſto, ex his in quibus eum accuſatis. Sed neq; Herodes: nam remiſi uos ad illum: & ecce nihil dignum

gnum morte actum est ei. Emendatum ergo illum dimittam. Luc. cap. XXIII. Tunc ergo apprehendit Pilatus IESVM, & flagellauit. Ioan. cap. XIX.

## ORATIO 31.

O domine Iesu Christe, adoro te, benedico te, & gratias ago tibi, qui propter me dignatus es nudari, ad columnam ligari, toto corpore flagellari, vulnerari, ac cruentari: Da mihi nunc flagella tua tam patienter sustinere, vt tuis pœnis ac meritis purgatus, post huius vitę egressum illico merear tecum gaudere, te laudare, & in æternum diligere. Amen.

*Quem confossum vulneribus milites subsanauerunt,*
*Ac crucifige altis uocibus clamauerunt.*

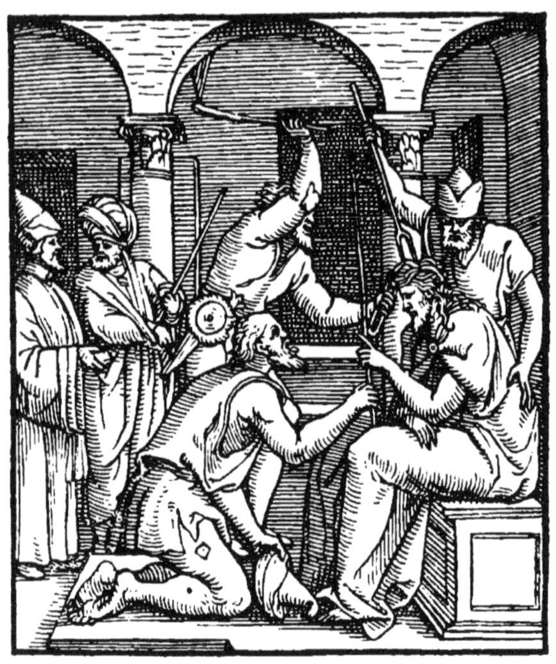

TVNC milites præsidis suscipientes IESVM in prætorio, congregauerunt ad eũ vniuersam cohortem: & exuentes eum, Chlamidem coccineam circundederunt ei: & plectentes coronam de spinis, posuerunt super caput eius, & arundinem in dextra eius: & genu flexo ante eum, illudebãt ei, ei, dicentes: Aue Rex Iudæorum. Et expuentes in eum, acceperunt arundinem, & percutiebant caput eius. Mat. ca. XXVII.

## ORATIO 32.

O domine Iesu Christe, adoro te: benedico te: & gratias ago tibi, qui coronã spineam vertici tuo impressam, subsanationesque & illusiones, alapas quoque & sputa propter me pertulisti: Dulcissime Iesu, imprime cordi meo iugem passionis tuæ memoriam: quæ mentem meam indesinẽter compungat, atque totam liquefaciens in tui amore absorbeat. Amen.

*Exijt Iesus prætoriũ corona spinea coronatus,*
*Et veste purpurea vt fatuus reputatus.*

EXIVIT iterum Pilatus, & dicit ęis: Ecce adduco uobis eum foras, vt cognoscatis quia in eo nullam inuenio causam. Exiuit ergo IESVS foras, portans coronã spineam, & purpureum vestimentum. Et dicit eis: Ecce homo. Cùm ergo vidissent eum pontifices & ministri, clamabant dicentes: Crucifige, crucifige eũ. Io. c. XIX.

Oratio

## ORATIO 33.

O domine Iesu Christe, adoro te, benedico te, & gratias ago tibi: qui licet totus miserabilis vulneribus, & doloribus plenus, productus, ac populo es monstratus: inuidia tamen Iudæorum clamans, postulauit te crucifigi: & Barabbam vitam donari: Ah, dulcissime Iesu, omnem superbiam & omnē gloriæ appetitum, inuidiā, cunctaque vitia in me mortifica & extingue, & fac vt vere sim compatiens, humilis ac mitis corde. Passio nobilissima Saluatoris mei, vulnera amatoris mei inebriēt mentem meam. Amen.

*Vt reum quem ſceleris Pilatus condemnauit,*
*Crucis lignum humeris proprijs baiulauit.*

VIDENS autem Pilatus quia nihil proficeret, ſed magis tumultus fieret: accepta aqua, lauit manus coram populo, dicens: Innocēs ego ſum à ſanguine iuſti huius: vos videritis. Et reſpondens vniuerſus populus, dixit: Sanguis eius ſuper nos, & ſuper filios noſtros. Tūc dimiſit illis Barrabbā: Ieſum autem flagellatum tradidit eis, vt crucifigeretur. Matth. cap. XXVII.

Oratio

## ORATIO 34.

O domine Iesu Christe, adoro te, benedico te: & gratias ago tibi, qui innocēter pro me ante tribunal, stans, passus es te ad mortem damnari, & in gaudium hostibus fieri: Per hāc charitatem tuam obsecro te Deus meus: Da mihi gratiam nunquā obloquendi, detrahendi, aut proximum iudicandi, & ad hæc etiam alijs nunquam in re mala auscultandi aut cōsentiendi. Amē.

*Qui hominum mortem vltrò morte deleuit,*
*Crucem portando, humeris ipſe fleuit.*

ET poſtquam illuſerunt ei, exuerunt eum chlamydem: & induerunt eum veſtimentis eius, & duxerunt eum vt crucifigerent. Exeuntes autem inuenerunt hominē Cyrenæum, nomine Simonem: hunc angariauerunt, vt tolleret crucem eius. Et venerunt in locum, qui dicitur Golgotha, quod eſt Caluariæ locus. Mat. ca. XXVII.

Oratio

## ORATIO 35.

O domine Iesu Christe, adoro te, benedico te, & gratias ago tibi, pro singulis doloribus ac gemitibus: quando inter multa opprobria & verbera baiulans crucem tuã, vsque ad caluariæ locum venisti: Da mihi Iesu crucẽ proprie abnegationis & mortificationis feruentissima deuotione amplecti, & vestigia virtutum tuarum charitate perfecta imitari. Amen.

*Caluariæ quem vestibus loco exuerunt,*
*Et manibus cum pedibus cruci affixerunt.*

VERE dominus noster IESVS CHRISTVS languores & dolores nostros portauit, & pro iniquitatibus nostris verberatus ac crucifixus fuit: uti agnus os suum in languoribus non aperiens, morti traditus est. Isai. cap. LIII.

Oratio

ORATIO 36.

O domine Iesu Christe, adoro te, benedico te, & gratias ago tibi: qui super crucē dire es extensus, & clauis affixus, non habens speciem neque decorem: sed sicut leprosus, & a deo percussus. Da, ut nihil sim in oculis meis, & vt omnes vires animæ & corporis mei in amorem & beneplacitum tuum expendam. Amen.

Qui

*Qui latroni omnia crimina dimiſit,*
*Gaudia paradiſi illico promiſit,*

ET crucifigentes eum, diuiſerunt ueſtimenta eius, mittentes ſortem ſuper eis, quis quid tolleret. Erat autem hora tertia: & crucifixerunt eum. Et erat titulus cauſæ eius inſcriptus: Rex Iudęorum. Et cum eo crucifigunt duos latrones, vnum à dextris, & alterum à ſiniſtris eius. Et impleta eſt ſcriptura, quæ dicit. Et cum iniquis

reputatus

reputatus eſt. Marc. cap. XVI.
Pater, dimitte illis. non enim ſciunt quid faciunt. Luc. cap. XXIII.
Vnus autem de his qui pendebant latronibus, blaſphemabat eum, dicens: Si tu es CHRISTVS, ſaluum fac te ipſum & nos. Reſpondens autem alter, increpabat eum, dicens. Neque tu times Deum, quòd in eadem damnatione es? Et nos quidem iuſte: nam digna factis recipimus. hic verò nihil mali geſsit. Et dicebat ad IESVM: Domine, memento mei, cùm veneris in regnum tuũ. Et dixit illi IESVS: Amen dico tibi, hodie mecũ eris in paradiſo. Lu. c. XXIII.
Stabant autem iuxta crucem IESV, mater eius, & ſoror matris eius Maria Cleophæ, & Maria Magdalenæ. Cùm vidiſſet ergo IESVS matrem, & diſcipulum ſtantem, quem diligebat, dicit matri ſuæ: Mulier, ecce filius tuus. Deinde dicit diſcipulo: Ecce mater tua. Et ex illa hora accepit eam diſcipulus in ſuam. Ioan. cap. XIX.
Et circa horam nonam, clamauit IESVS voce magna, dicens: Eli, eli, lamma ſabactani? Hoc eſt Deus meus, Deus meus ut quid dereliquiſti me? Quidam autẽ ex illis ſtantes & audientes, dicebant: Eliam uocat iſte. Et continuò currens unus ex eis,
acceptam

acceptam ſpongiam impleuit aceto, & imposuit arundini, & dabat ei bibere. Matt. cap. XXVII.

Erat autem ferè hora ſexta: & tenebræ factæ ſunt in vniuerſam terram vſque in horam nonam. Et obſcuratus eſt ſol: & velum templum ſciſſum eſt medium. Et clamans voce magna IESVS, ait: Pater, in manus tuas commendo ſpiritum meum. Luc. cap. XXIII.

Iudæi ergo (quoniam paraſceue erat) vt non remanerent in cruce corpora ſabbato (erat enim magnus dies illis ſabbati) rogauerunt Pilatum, vt frangerentur eorũ crura, & tollerentur. Venerunt ergo milites: & primi quidem fregerunt crura, & alterius qui crucifixus eſt cum eo. Ad IESVM autem cùm veniſſent, vt viderunt eum iam mortuum, non fregerunt eius crura: ſed vnus militum lancea latus eius aperuit, & continuò exiuit ſanguis & aqua. Ioan. cap. XIX.

Oratio

## ORATIO 37.

O domine Iesu Christe, adoro te, benedico te, & gratias ago tibi: qui inter latrones positus, pro inimicis orans, latroni petenti paradisum promisisti: Da mihi perfectissime omnia vitia in me mortificare: omnia aduersa tolerare: & feruenti animo ad te verum paradisum aspirare. Amen.

*Crucis mortẽ ſubiens in pace obdormiuit,*
*Electos eripiens infernum introiuit.*

ET ecce vir nomine Ioſeph, qui erat decurio, vir bonus & iuſtus: hic non conſenſerat conſilio & actibus eorum, ab Arimathæa ciuitate Iudææ, qui expectabat & ipſe regnum Dei. Hic acceſsit ad Pilatum, & petijt corpus IESV, & depoſitum inuoluit ſindone, & poſuit illud in monumento exciſo, in quo nondum quiſquam poſitus fuerat. Luc. cap. XXIII.

Oratio

## ORATIO 38.

O domine Iesu Christe, adoro te, benedico te, & gratias ago tibi pro flebili depositione corporis tui de cruce. Vtinam passionis tuæ memoria oẽs sensus meos repleat, & me totum absorbeat: vt aliud nõ videam, sentiam, aut intelligam, quam te dominum meum pro me crucifixũ & mortuum. Amen.

*Cuius corpus ſanctißimum de cruce ceperunt.*
*Et ſepulcrum mundißimum eidem aptauerũt.*

VEnit autem & Nicodemus, qui venerat ad Ieſum nocte primùm, ferens miſturam myrrhæ & aloes quaſi libras centum. Acceperunt autem corpus Iesv, & ligauerunt illud linteis cum aromatibus, ſicut mos eſt Iudæis ſepelire. Erat autem in loco vbi crucifixus eſt, hortus: & in horto monumentum nouum, in quo nõdum quiſquam poſitus erat. Ioan. cap. xix.

Oratio

## ORATIO 39.

O domine Iesu Christe, adoro te, benedico te,& gratias ago tibi : qui voluisti syndone inuolui,& alieno sepulchro recondi: Vtinam cor meum, sensus, & vires meas, omnes in te sepelias: per amorẽ tibi vnias, & velut insensibilem ac stupidum ad omnia quæ a te sunt aliena, me reddas. Amen.

*Qui pro me tantos voluisti ferre dolores,*
*Sis mihi propitius, ò Nazarene Iesus.*

QVIA dilexi, dominus vocem orationis meæ exaudiet, quoniam inclinauit mihi aures suas & in diebus meis inuocabo eum. me dolores mortis circundederunt & pericula infernorũ me inuenerunt: tribulationem ac dolores inueni, & nomẽ domini inuocaui. O domine libera animã meam. Tu domine misericors ac iustus, & Deus

& Deus noster miserebitur nostri. Psal. CXIIII.

Ascendens in altum captiuam duxit captiuitatem, dedit dona hominibus. Quòd autem ascendit, quid est, nisi quia & descendit primùm in inferiores partes terræ? Qui descendit, ipse est, & qui ascendit supra omnes cœlos, vt adimpleret omnia. Paul. Epi. ad Ephes. cap. IIII.

## ORATIO 40.

O domine Iesu Christe, adoro te, benedico te, & gratias ago tibi: qui dignatus es ad inferos descendere: & captiuos patres liberare. Eia dulcissime IESV, descendat nunc quoq: passionis & sanguinis tui virtus in animas propter peccatum mortuos: donans illis notitiam tuæ bonitatis, & refrigerium tuæ charitatis. Amen.

*Qui hominum mortem vltro morte deleuit,*
*Crucem portando humeris ipse fleuit.*

VENERVNT Pharisæi ad Pilatũ, dicẽtes: Domine, recordati sumus quia seductor ille dixit adhuc uiuẽs: Post tres dies resurgã. Iube ergo custodiri sepulchrum usque in diem tertiam: ne fortè ueniant discipuli eius, & furentur eum, & dicant plebi. Surrexit à mortuis: & erit nouissimus error peior priore. Ait illis Pilatus: Habetis custodiam:

ſtodiam : ite, cuſtodite ſicut ſcitis. Illi autem abeuntes munierunt ſepulchrũ, ſignãtes lapidem cum cuſtodibus. Matth. cap. XXVII.

## ORATIO 41.

O dulciſsime Ieſu Chriſte adoro te, benedico te, & gratias tibi ago, qui à cuſtodibus cuſtoditus (& ſepulchro ſigillo Munito) ad perpetuam tertia die uitam reſurrexiſti: Ah dulciſsime Deus mihi miſero peccatori in peccatis mortuo concedas, ut ab eis reuiuiſcam ad perpetuam beatitudinis uitam, qua ſempiterua beatitudine fruar. Amen.

*Qui resurrexit locum relinquendo,*
*Angelo suo factum proferendo.*

VESPERE autem sabbati, quæ lucescit in prima sabbati, uênit Maria Magdalene, & altera Maria, uidere sepulchrum. Et ecce terræmotus factus est magnus. Angelus enim Domini descendit de cœlo: & accedens, reuoluit lapidem, & sedebat super eum. erat autem aspectus eius, sicut fulgur, & uestimentum eius, sicut nix. Præ timore

more autem eius, exterriti ſunt cuſtodes, & facti ſunt uelut mortuis. Reſpondens autem angelus, dixit mulieribus. Nolite timere uos: ſcio enim quòd IESVM, qui crucifixus eſt, quæritis: non eſt hîc: ſurrexit enim, ſicut dixit. uenite, & uidete locum, ubi poſitus erat Dominus. Matth. cap. XXVIII.

## ORATIO 42.

O Domine Ieſu Chriſte, adoro te, benedico te & gratias tibi ago, quia tres Mariæ ad ſacroſanctum ſepulchrum uenientes Angelum ibi ſedentem inuenerunt, eis triumphantes tuam reſurrectioné annuntiantem, quæ omni depoſito timore conſolatione repletæ rruerſæ ſunt unde diſceſcerant. Ah dulciſsime Deus tuo ſeruo ac miſero concedas peccatori, qui cauſam mortis ac reſurrectionis tuæ conſiderans, ipſi ab Angelo remiſsionem peccatorum ſuorumnuntari, ut ſpiritu conſolatus ad te ſuũ uere redemptorem reuertatur. Amen.

*Prius apparuit Christus dolenti Mariæ aßidue ipsum quærenti.*

DICIT ei IESVS: Mulier, quid ploras? Quem quæris? Illa existimans quia hortulanus esset, dicit ei: Domine, si tu sustulisti eum, dicito mihi ubi posuisti eum: & ego eum tollam. Dicit ei IESVS: Maria. Conuersa illa dicit ei: Rabboni (quod dicitur magister) Dicit ei IESVS: Noli me tangere: nondum enim ascendi ad patrem meum.

Oratio

## ORATIO 43.

O dulcissime Iesu Christe adoro te, benedico te, & gratias tibi ago, qui tã humiliter Mariæ Magdalenæ apparuisti, quæ te in sermone cognito, gaudio fuit repleta. Ah dulcissime Deus iubeas ut mihi misero peccatori tua diuina appareat gratia, qua consolatus semper mihi sis propitius: Amen.

*Quibus ſermo eundo erat inanis,*
*Ipſum cognouerunt in fractione panis.*

ET appropinquauerunt caſtello, quò ibant: & ipſe ſe finxit longius ire. Et coegerunt illum, dicentes: Mane nobiſcum, quoniam adueſperaſcit, & inclinata eſt iam dies. Et intrauit cum illis. Et factum eſt dum recumberet cum eis, accepit panem, & benedixit, & fregit, et porrigebat illis. Et aperti ſunt oculi eorũ, & cognouerunt eũ: & ipſe euanuit ex oculis eorum. Luc.

Oratio

## ORATIO 44.

O Domine Iesu Christe, adoro te, benedico te & gratias tibi ago, qui à tuis in itinere incognitus discipulis ad mensam capto pane eis te detexisti, eorum incredulitatis occulos apperiens, Ah dulcissime Deus, & mihi cordis mei oculos apperias, ut tua immensa cognita bonitate, spiritu letari possim. Amen.

*In medio ſtetit Dominus ſuorum,*
*Extinxitque Thomæ vmbram errorum.*

VENIT IESV ianuis clauſis, & ſtetit in medio, & dixit eis: Pax uobis. Deinde dicit Thomæ: Infer digitum tuum huc, & uide mananus meas, & affer manũ tuam, & mitte in latus meum: & noli eſſe incredulus, ſed fidelis. Reſpondit Thomas, & dixit ei: Dominus meus, & Deus meus. Dicit ei IESVS: Quia uidiſti me Thoma, credidiſti:

didiſti: beati qui non uiderunt, & crediderunt. Ioann.

ORATIO 45.

O Domine Ieſu Chriſte adoro te, benedico te, & gratias tibi ago, qui apertum latus & manus transfixas Thomę oſtẽdens incredulo ipſi gratiam dediſti, ut te eius Dominum cognoſceret: Ah benigniſsime Deus ſeruum tuum illumina, & quod non uidet, uiuaci fide credat, ut pacem perpetuam in terris & in cœlis beatitudinem conſequatur. Amen.

Super

*Super cœlorum ſydera aſcendit virtuoſe,*
*Atque in patris dextra reſidet glorioſe.*

ET cùm hæc dixiſſet, uidentibus illi eleuatus eſt: & nubes ſuſcepit eum ab oculis eorum. Cumq; intuerentur in cœlum, euntem illum: ecce duo uiri aſtiterunt iuxta illos in ueſtibus albis, qui & dixerunt: Viri Galilæi, quid ſtatis aſpicientes in cœlum? hic IESVS qui aſſumptus eſt à uobis in cœlum. Acta Apoſto. cap. 1.

Oratio

## ORATIO 46.

O Domine IESVS Christe adoro te, bedico te, & gratias ago tibi: qui iubilantibus angelis ascendisti in cœlum. Vtinam semper mens mea tui amore langueat: mundana uniuersa fastidiat: te solum ardenter esuriat & sitiat: nihil me afficiat: nihil me letificet: nisi tu Domine Deus meus. Amé.

*Qui pentecoſtes die ſpiritum ſanctum miſit.*
*Apoſtolis pro fauore vt antea promiſit.*

ET cùm complerentur dies Pentecoſtes erant omnes pariter in eodem loco: & factus eſt repentè de cœlo ſonus, tanquam aduenientis ſpiritus uehementis, & repleuit totam domum ubi erant ſedentes. Et apparuerunt illis diſpertitę linguę tãquam ignis, ſeditq́ue ſuper ſingulos eorum: & re pleti

pleti ſunt omnes ſpiritu ſancto, & cœperunt loqui uarijs linguis. Acta. Apoſt. c. 11.

## ORATIO 47.

O Domine IESV Chriſte adoro te, benedico te, & gratias ago tibi: qui ſpiritum ſanctum dediſti, & diſcipulos ad mūdi conuerſionē miſiſti: Da mihi ſimpliciſsimam puritatem cordis, iugemq; ſtabilitatē mentis: ut ſpiritus Sanctus me impleat, regat, ac poſsideat: ut uberioribus donis gratiæ ſuę dignum me faciat. Amen.

*Virgo deo digna peccantibus esto benigna,*
*Ora pro famulis santa maria tuis.*

TOTA es pulchra amica mea, & in te non eſt macula, quoniam mortui ſunt offendentes Deum, innocentes remanſerunt. Veni ex libano ſponſa mea, ueni ex libano, ueni, caput tuum coronabitur in montibus Aman. canti. cap. IIII.

Oratio

## ORATIO 48.

O Domine IESV Christe adoro te, benedico te, & gratias ago tibi: qui sponsam tuam ecclesiam donis tam mirificis extollis & glorificas: ut pro ea omnia prędicta pati uolueris: fac me & omnes alios: quos fide & opere tuos pręnoscis esse futuros: ab huius consortio nũquàm separari: nosque tandem in regno tuo feliciter coronari. Amen.

*Dira qui ſupplicia eſt reprobis daturus,*
*Sed electis gaudia æterna collaturus.*

VERVNTAMEN dico uobis, a modo uidebitis filium huominis ſedentem à dextris uirtutis Dei, & uenientem in nubibus cœli. Matth. cap. XVI. Cum autem uenerit filius hominis in maieſtate ſua, & omnes angeli cum eo, tunc ſedebit ſuper ſedem maieſtatis ſuę & cõgregabuntur ante eum omnes gentes. Matth. cap. XV.

Oratio

## ORATIO 49.

O Domine IESV Christe adoro te, benedico te, & gratias ago tibi: qui Iudex es uenturus, & unicuique secundum opera sua supplicium aut pręmium redditurus: Da mihi misericordiossime IESV omnē uitam meam secundum beneplacitum tuum ita consumare, ut anima mea de corpore egrediens ad te creatorem suum redeat: Vbi sine fine cum sanctis omnibus te laudet, & benedicat. Amen.

FINIS.

PREMIV
SPES
VICTORIA.
DVM
TEM
PVS
ABE
MVS
OF E
RE
MVR
BO
NVM
DIABO
LVS

www.ingramcontent.com/pod-product-compliance
Ingram Content Group UK Ltd.
Pitfield, Milton Keynes, MK11 3LW, UK
UKHW041934190726
13854UKWH00004B/1575